Guacamol de amor para
Holly, Luna y Pablo.
— JA

Holy Guacamole for
Holly, Luna and Pablo.
— JA

Para mi mamá, que me
dio a probar el aguacate.
— MS

For my mom, who gave
me the first taste of
avocado. — MS

Nota

Todas las etapas de la receta que vienen marcadas con * requieren
la participación o supervisión de un adulto.

Note

All stages of the recipe that are marked * require the participation or
supervision of an adult.

Text copyright © 2012 by Jorge Argueta
Illustrations copyright © 2012 by Margarita Sada
Published in Canada and the USA in 2012 by Groundwood Books

Groundwood Books / House of Anansi Press
110 Spadina Avenue, Suite 801, Toronto, Ontario M5V 2K4
or c/o Publishers Group West
1700 Fourth Street, Berkeley, CA 94710

We acknowledge for their financial support of our publishing program the Government of Canada through the
Canada Book Fund (CBF).

Library and Archives Canada Cataloguing in Publication
Argueta, Jorge
Guacamole : un poema para cocinar = Guacamole : a cooking
poem / Jorge Argueta ; Margarita Sada, illustrator ; Elisa Amado,
translator.
Text in Spanish and English.
ISBN 978-1-55498-133-5
I. Sada, Margarita II. Amado, Elisa III. Title.
PQ7539.2.A67G83 2012   j861'.64   C2011-906142-2

The illustrations were done in oil and then modified digitally.
Design by Michael Solomon
Printed and bound in China

GUACAMOLE

Un poema para cocinar

•

A Cooking Poem

ESCRITO POR / WORDS BY

JORGE ARGUETA

ILUSTRADO POR / PICTURES BY

MARGARITA SADA

Traducción de / Translated by
Elisa Amado

GROUNDWOOD BOOKS / LIBROS TIGRILLO
HOUSE OF ANANSI PRESS
TORONTO   BERKELEY

—**H**oy les voy a hacer guacamole,
le digo a mi mamá, a mi papá
y a mis hermanitos.
Me miran con ojos grandes como
los aguacates verdes en la cesta
de la mesa roja de la cocina.

"Today I'm going to make you guacamole,"
I say to my mother and father
and my little brother and sister.
They stare at me with their big eyes
that remind me of the green avocados
in the basket on the red kitchen table.

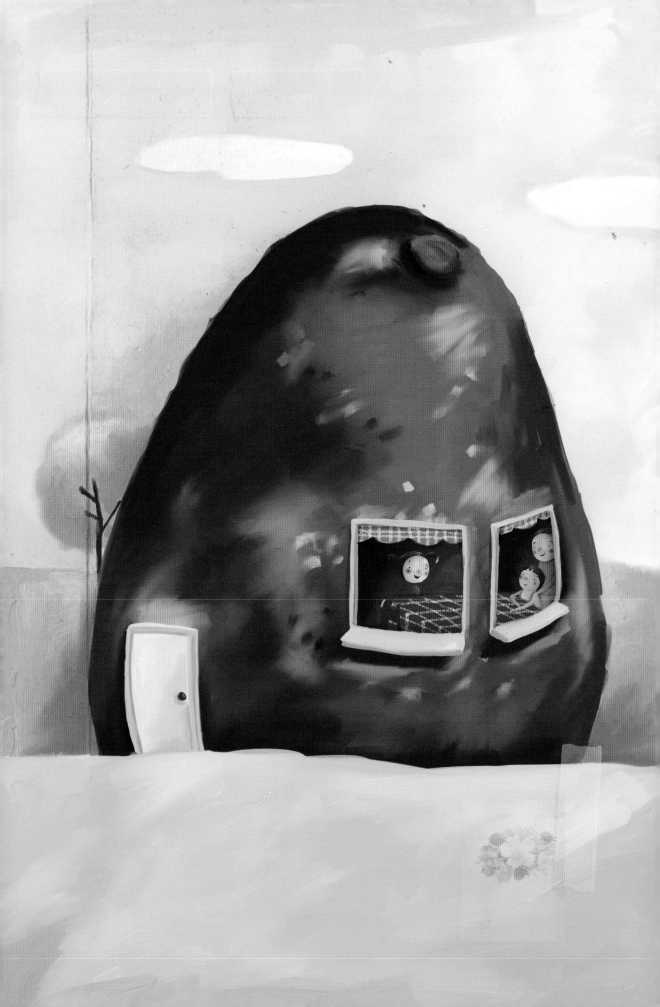

Para hacer un sabroso guacamole
que deje a tu mamá, a tu papá
y a tus hermanitos
pidiendo más,
necesitas
cuatro aguacates grandes
como piedras verdes,
dos limones frescos
grandes y brillosos
como canicas de cristal.
Necesitas unas hojitas de cilantro
verdes como un ramito de tréboles.
Necesitas sal
y nada más.

To make a delicious guacamole
that will leave your mother and father
and your little brother and sister
begging for more,
you need
four big avocados,
like green precious stones,
and two fresh limes,
big shiny ones,
round as crystal marbles.
You need some cilantro leaves,
green as a four-leaf clover,
you need salt
and that's all.

Primero te pones tu delantal de cocinero.
El mío está adornado de globos.
Con mi delantal adornado de globos
y un pajarito, me siento
un gran cocinero.
Y lo soy.
Canto y bailo por toda la cocina.

¡El guacamole es muy facilito de hacer!

First put on your chef's apron.
Mine has balloons on it.
With my apron and its balloons
and little bird, I feel like
a great chef,
and I am one as
I sing and dance around the kitchen.

Guacamole is so easy to make!

Primero busco mi traste favorito.
Lleva una guirlanda de florecitas rojas
y hojitas verdes como corazones.

Tengo ganas de bailar
y voy bailando con mi traste
de florecitas rojas y hojas verdes como corazones.

Then I get my favorite dish.
It's decorated with a garland of little red flowers
and green leaves shaped like hearts.

I feel like dancing,
so I dance with my dish,
with its little red flowers and heart-shaped green leaves.

Ahí me esperan los aguacates
hermosos, verdes y grandotes.
Los tomo en mis manos y siento al tocarlos
que están blandos y maduros,
su cascarita suave y brillante
como las hojas de mi jardín
cuando ha llovido.

Los baño en el manantial de la cocina
y bailando y cantando
los coloco en la mesa roja de la cocina.

The avocados are waiting for me,
so big and green and beautiful.
I squeeze them gently with my hands and
can tell that they are soft and ripe,
with their shiny tender skin,
like leaves in my garden
after the rain.

I wash them in the fountain of the sink
and then, dancing and singing,
I put them on the red kitchen table.

Ahora hay que cortar los aguacates.*
Uno por uno y muy despacito
comienzas a partir los aguacates por la mitad.

En el centro del aguacate
vas a encontrar una pelota
redondita como si fuera un pequeño mundo.
Es lisa y resbaladiza
como un tobogán.
Si la agarras con fuerza se resbala.
Si la agarras débilmente se te cae.

No tires la semilla.
De estas semillas
nacen los árboles de aguacates.

Now it's time to cut the avocados.*
One by one, very slowly,
cut them in half.

In the center of each avocado
you'll find a little ball,
round as a small world.
It's smooth and slippery,
like a slide.
If you grab this pit too hard, it will slip.
If you hold it too gently, it will fall.

Don't throw the pits out.
They are the seeds from which
avocado trees are born.

Toma una cuchara
ni muy grande
ni muy chica.
La cuchara es un tractor
con el que vas a excavar
la carnita de los aguacates.

Cuando hayas sacado
toda la carnita blandita de los cuatro aguacates,
echa la carne verde
de los aguacates en tu traste.

Las cáscaras vacías de los aguacates
parecen palanganas.
No las tires.
Ponlas junto a las semillas.

Take a spoon,
not too big,
not too small.
The spoon is like a tractor
that you will use to scrape
the avocado flesh.

Scoop out all the tender
flesh of all four avocados.
Put the green avocado flesh
in your dish.

The empty avocado skins
look like washbowls.
Don't throw them out.
Set them aside with the pits.

Ahora le agregas sal, no mucha.
Cántale a la sal
cuando la agites,
para que como pringuitas
de llovizna blanca
caiga sobre el aguacate verde.

Sal salita de mi salero
échale la sal primero.

Ahora con el tractor de tu cuchara
remueve un poco la carnita verde de los aguacates.
Mueve tu cuchara hacia arriba y hacia abajo.
El aguacate se está poniendo
más blandito.
Se está volviendo guacamole.

Now add salt, not too much.
Sing to the salt
as you shake it
so that little spatters
of white drizzle
fall like rain on the green avocado.

Salt, salty salt from my saltshaker,
salt goes in first.

Now with your tractor spoon
stir up the green avocado flesh.
Move your spoon up and down.
The avocado is getting
softer.
It's becoming guacamole.

Toma el ramito de cilantro,
llévalo a lavar al manantial.
Parece un arbolito.
Lávalo bien lavadito,
sacude el ramito
y con tu mano salpica agüita en la cocina.

Arranca las hojitas del ramito
una por una
échalas al traste sobre el aguacate.
Ayyyy qué rico huele el cilantro.
Ayyy qué frescura,
qué verdor de olor.

Take a little branch of cilantro
and wash it in the fountain of your sink.
It looks like a little tree.
Wash it well,
shake it off,
and sprinkle water around the kitchen.

Tear the leaves off your tree,
one by one,
and add them to the avocado.
Mmmmm cilantro smells so good.
Mmm such a fresh,
such a green smell.

Ahora toma los limones
que también son verdes
y bien redonditos.
Llévalos a bañar
también al manantial.

Corta los limones por la mitad*
uno por uno, con cuidadito.
Vas a exprimir las mitades con tus manos
sobre el recipiente donde está esperando el aguacate.

Qué suaves.
Qué rico olor a fresco.
Qué verde tan verde.
Me hace agua la boca
el olor acidito de los limones.

Now take the limes,
which are also green
and perfectly round.
Take them over to bathe
in the kitchen fountain.

Cut the limes in half*
carefully, one by one.
You are going to squeeze them with your hands
over the avocado waiting in its dish.

So soft.
Such a fresh smell,
such a greeny green smell.
Their sour little lime smell
makes my mouth water.

La cascarita del limón es suavecita
y le sale zumo.
Que no te entre en los ojos
porque arde
el zumito que como lágrimas le sale al limón.

Ayyyy qué rico huele
el río ácido del limón
que cae sobre el verde
tan verde del aguacate.
Río
Me río
Me río
Mi río
Mi río de limón
Me río del limón.

The lime peel is soft
and juicy juice comes out.
Don't get it in your eyes.
It stings,
the juice that comes like tears from the limes.

Oooh, the sour river of lime
smells so good
as it falls on the
greeny green of the avocado.
I laugh,
I laugh river laughs,
I laugh green laughs,
I laugh lime laughs,
I laugh guacamole laughs.

De tus manos van a caer perlitas
que parecen ojitos.
Son las semillitas del limón.
Saca las perlitas que caen sobre el aguacate
una por una, con tus deditos.

No tires estas semillitas tan chiquitas
de donde crecen los árboles que nos dan limones.
No tires tampoco
las cáscaras del limón.
Quedarán en tu mano
como pelotas desinfladas.
Ponlas junto a las cáscaras de aguacate
y las semillas del limón.

Little pearls that look like eyes
will fall from your hands.
They are lime seeds.
Pick out the little pearls that fall into the avocado
with your fingers.

Don't throw them away.
Lime trees could grow from them.
Don't throw the peels out, either.
In your hands they feel like
balls whose air has leaked out.
Put them with the seeds and
the avocado skins.

Ahora remuévelo todo otra vez de arriba a abajo
con el tractor de tu cuchara.
Remuévelo bien
y pruébalo,
échale más sal
y muévele muévele de arriba a abajo.

Canta y baila
porque cantando y bailando
la comida sabe mejor.

¡Guacamole, qué rico guacamole!

Stir everything together again, up and down,
with your tractor spoon.
Stir it well.
Taste it.
Sprinkle on more salt,
and stir and stir, around and around.

Sing and dance
because food tastes better
when you sing and dance.

Yummy, what yummy guacamole!

Ya todo está bien verde y bien jugoso
en el recipiente de florecitas rojas
y de hojas verdes como corazones.
Ya está listo el guacamole.

Antes de sentarte a comer
toma todas las semillas y cascaritas
y llévalas a tu jardín.
Plántalas en la Madre Tierra.
Así seguirán creciendo más
aguacates
más limones
más colores y sabores.

Now everything is green and juicy
in its dish with red flowers
and green leaves like hearts.
Now the guacamole is ready.

Before you sit down to eat,
take all the seeds and skins and peels
into the garden.
Plant them in Mother Earth
so that more avocados
will grow,
more lime trees,
more colors, more flavors.

Ahora sí
llama a tu mamá, a tu papá
y a tus hermanitos.
Que se calienten
las tortillas y los frijolitos
y a sentarse a comer
guacamole que sabe a fresco.

Guacamole, qué rico guacamole
verde tan verde
y tan puro como el amor.

Now the time has come
to call your mother and father
and your little brother and sister,
to heat up
the beans and tortillas,
and to sit down and enjoy the
guacamole that tastes so fresh.

Yummy guacamole,
so greeny green,
as pure as love.